BEI GRIN MACHT SICH IHR WISSEN BEZAHLT

- Wir veröffentlichen Ihre Hausarbeit,
  Bachelor- und Masterarbeit

- Ihr eigenes eBook und Buch -
  weltweit in allen wichtigen Shops

- Verdienen Sie an jedem Verkauf

Jetzt bei www.GRIN.com hochladen
und kostenlos publizieren

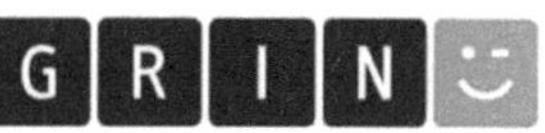

Manuela Pfister

Vampyre - Ausgeburten der Phantasie

Zwischen Realität und Aberglauben

GRIN Verlag

Bibliografische Information der Deutschen Nationalbibliothek:

Die Deutsche Bibliothek verzeichnet diese Publikation in der Deutschen National-
bibliografie; detaillierte bibliografische Daten sind im Internet über http://dnb.d-
nb.de/ abrufbar.

Impressum:

Copyright © 2011 GRIN Verlag GmbH
Druck und Bindung: Books on Demand GmbH, Norderstedt Germany
ISBN: 978-3-656-18344-0

Dieses Buch bei GRIN:

http://www.grin.com/de/e-book/193024/vampyre-ausgeburten-der-phantasie

VAMPYRE

AUSGEBURTEN DER PHANTASIE

DAS GRAUEN LAUERT ÜBERALL...

...NIMM DICH IN ACHT!

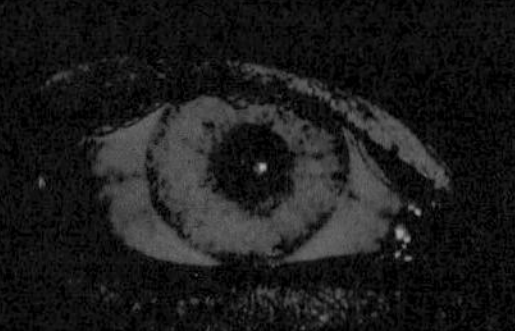
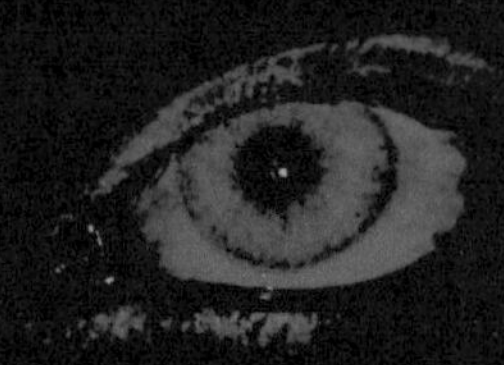

INHALTSVERZEICHNIS

VORWORT

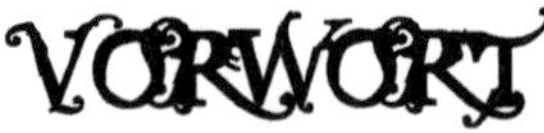

„Die Menschen glauben fest an das, was sie wünschen."
„Libenter homines id, quod volunt, credunt."
Julius Cäsar [1]

Illusionen sind für mich Träume, Wunschvorstellungen aber auch Täuschungen, die das tägliche Leben mit sich bringt.
Manche werden wahr, andere lösen sich in Luft auf, zerplatzen, verschwinden im Nichts. Jeder Mensch hat seine eigenen Vorstellungen, macht sich andere Illusionen als seine Mitmenschen. Für den einen ist es ein Traum, vielleicht eine unerreichbare Illusion, für den anderen ist es die Wirklichkeit. Jeder empfindet Illusionen anders. Manche kann man teilen, andere sind einzigartig. Sie machen das Leben ein Stück farbiger und lassen uns auf etwas hoffen, an etwas glauben.
Wie alles im Leben gibt es positive - aber auch negative Seiten.

Doch wie kam ich eigentlich auf mein Thema?
Angefangen hat das Ganze am 17. März 2011. Damals wurde uns das Maturthema bekanntgegeben. Am Anfang konnte ich überhaupt nichts damit anfangen. Normalerweise kommen mir sofort tausend Ideen in den Sinn, doch dieses Mal blieben alle aus. Ich fühlte mich, als ob ich vor einer unsichtbaren Wand stehen und mir selbst ins Gesicht schauen würde... Klar machte ich mir Gedanken, notierte ab und an einmal die ein- oder andere Idee, doch der wahre Geistesblitz blieb aus, zusammen mit der Freude und der Euphorie...
Eigentlich war es purer Zufall, dass ich auf mein gewähltes Individualthema gestossen bin.
Ich las zu dieser Zeit gerade ein Vampirroman von Lindsay Sands, dieser brachte mich dem Thema Vampir näher. Als ich in meinen Ferien zufällig in der DVD-Abteilung in einem Warenhaus stand und mich durch die Reihen kämpfte, entdeckte ich den Film von Doru Nastase mit dem Namen: „Vlad der Pfähler. Vlad Tepes, der Mann, der als Dracula in die Geschichte eingegangen ist.". Ich dachte mir damals nicht viel dabei und kaufte ihn mir. Zu Hause machte ich mich dann daran, mehr über Vlad Tepes in Erfahrung zu bringen. Ein paar Tage später las ich Bram Stokers „Dracula" in der Originalfassung. Irgendwie hat mich das Thema fasziniert. Bei einem Gespräch mit meiner Arbeitskollegin ging mir dann das Licht auf und ich hatte mein Individualthema. Mein lang erwarteter Geistesblitz war endlich da!

Ich befasse mich hier aber nicht mit Vlad Tepes oder Bram Stoker. Ich gehe um einiges weiter in die Vergangenheit zurück. Mit der Hilfe von alten und neuen Dokumentationen versuche ich, dem Vampirglauben auf die Spur zu kommen. Lasst euch überraschen!

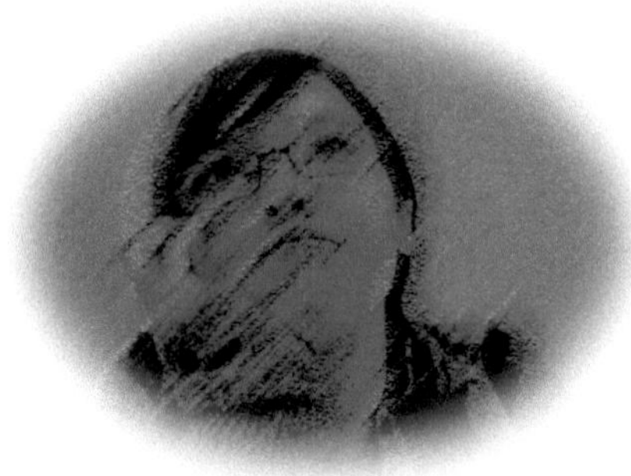

„NON OMNIS MORIAR.“

(„Ich werde nicht ganz sterben.“)
Horaz [2]

"Blütenweiß die Haut,
die erleuchtet in des Mondes schein.
Pech schwarz die Augen,
die funkeln in der Sterne Licht.
Blutrot die Lippen,
die getränkt sind in des Opfers Blut.
Leise und geschmeidig sein Gang,
der einer Katze gleicht.
Schwarz seine Kleidung,
die zeigt seine dunkle Seele.
Geheimnisvoll sein Wesen,

wie wenn die Nacht den Tag umschließt."
Autor unbekannt [3]

1. Vampyre - Ausgeburten der Phantasie

Wie stellen Sie sich einen Vampir vor?
Wahrscheinlich kommt Ihnen sofort das Bild eines attraktiven Gentlemans mit
rotem Umhang, blutroten Lippen, blassem Teint, spitzen Eckzähnen und tadellosen Manieren in den Sinn, denn
genau so sieht der Klassiker in Bram Stokers „Dracula" aus.
Doch in Wirklichkeit hat der Vampir einen sehr ernsten Hintergrund.

Nach einer kurzen Einführung in den alten Glauben des Vampirismus und dessen mögliche Entstehung, werde ich Sie
auf eine spannende Reise nach Südosteuropa des 18. Jahrhunderts mitnehmen und Ihnen den Alltag der damaligen
Menschen mit all ihren Sorgen und Ängsten aufzeigen. Ausserdem lernen Sie, wie ein Vampir entstehen kann,
warum er nicht der ist, für den wir ihn heute halten, wie man sich vor ihm schützt und ihn vernichtet. Sie werden
merken, wie weit Stokers „Dracula" von der Wirklichkeit entfernt ist und wie gewisse Menschen bis heute gegen ihn
ankämpfen.
Sie dachten Vampire gibt es nicht? Lassen sie sich überraschen!

1.1 Wie kam es zum Vampirglauben?
Eine kleine Zeitreise durch den Totenglauben der Geschichte...

Der Tod gehört zum normalen Lebenszyklus eines jeden Lebewesens. Er übt schon seit jeher eine gewisse Faszination
auf die Menschen aus. Aber auch Angst, Unwissenheit und Furcht verbindet man mit ihm. Wer weiss schon, was
nach dem Tod auf uns wartet? Diese Frage beschäftigt die Menschheit seit ihrem Bestehen.

Archäologische Funde lassen vermuten, dass bereits die Menschen in der Steinzeit die Lebenden von den Verstorbenen trennten. Sie bestatteten sie in sogenannten Hügelgräbern und brachten somit eine Grenze zwischen sich und die Toten. Auch bewusst gefesselte, umgedrehte oder enthauptete Überreste wurden gefunden. Dies lässt den Schluss zu, dass die Furcht vor Toten schon damals vorhanden war und wohl zu den Urängsten gehört. Ob schon damals der Glaube an wiederkehrende Tote oder Verstorbene, die keine Ruhe finden,

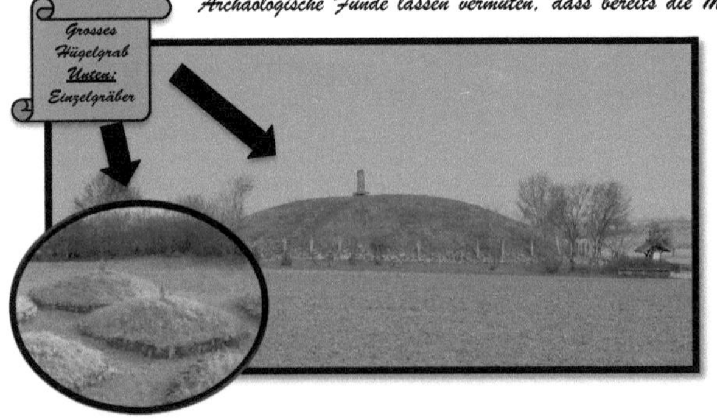

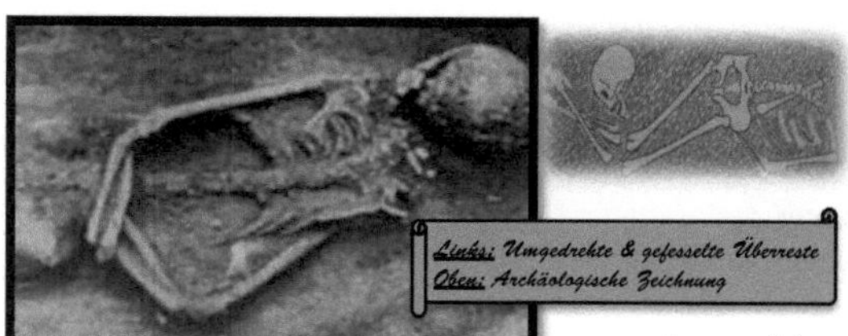

Die Unkenntnis was nach dem Tod geschieht, machte die Menschen mit der Zeit erfinderisch. In der Antike kamen Götter und Dämonen ins Spiel und Tausende von Erzählungen verbreiteten sich. Wesen, welche den Menschen auch nach dem Tod nicht in Ruhe lassen, ihn wieder zum Leben erwecken, die Hinterbliebenen heimsuchen und ihnen schaden, gab es in jeder Kultur weltweit.

Mit dem Einzug der verschiedenen Glaubensrichtungen, vor allem des Christentums, versuchte man, den heidnischen Aberglauben an solche Wesen einzudämmen, und somit gerieten sie mehr und mehr in Vergessenheit. Doch die Angst vor den Toten blieb. Stellvertretend nahm der „Wiederkehrer" (auch „Wiedergänger" genannt) seinen Platz im Volkglauben von Mitteleuropa ein. Er war kein Dämon oder sonstiges, teuflisches Wesen, sondern ein lebender Leichnam, der den Hinterbliebenen Schaden zufügen wollte. Die Kirche versuchte, den Glauben an Wiedergänger zu unterbinden, indem sie die „verlorenen Seelen" ins Spiel brachte. Dies gelang jedoch nur minimal, denn noch heute existieren Dokumente aus der damaligen Zeit, die zwar christlich daher kommen, jedoch den Glauben an Wiederkehrer nicht verbergen können. Aus der Zeit des Mittelalters findet man immer wieder Gräber, die mit Eisenstangen verkleidet wurden und das Grab wie ein Gitter umgaben, um den Verstorbenen daran zu hindern, als Wiedergänger umzugehen. Diese Vorrichtung nennt man „Mortsafe" und stammt ursprünglich aus Schottland. Im 19. Jahrhundert war diese Methode weit verbreitet um Nekrophile und Grabdiebe daran zu hindern, sich an den Leichen zu schaffen zu machen. Auch ähnliche Überreste wie in der Steinzeit werden häufig gefunden, d.h. gefesselt, geköpft, verstümmelt oder mit dem Kopf nach unten beerdigt. Während der grossen Pestepidemie im 14. Jahrhundert wurde der Glauben an Wiedergänger erweitert.

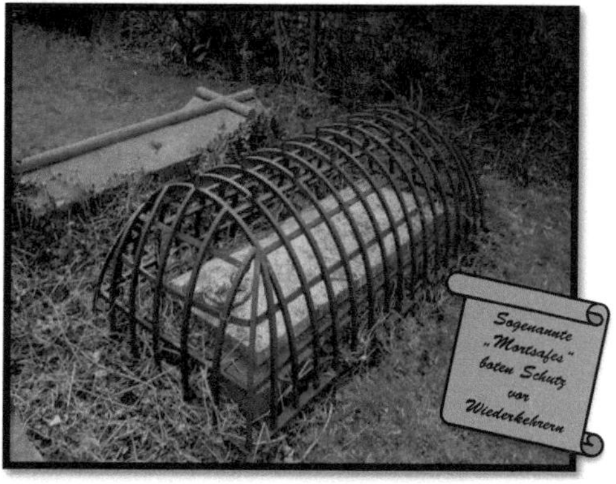

Es kamen der „Nachzehrer" und der „schmatzende Tote", die weiterunten noch ausführlicher beschrieben werden, sowie noch andere ins Spiel. Man teilte den Wiedergänger in unterschiedliche Arten ein. Für jeden von ihnen gab es verschiedene Bannrituale sowie spezielle Massnahmen zur Vernichtung. Der Glauben an wiederkehrende, lebende Leichname wurde in der Mitte des 18. Jahrhunderts vermehrt durch den Vampirglauben aus Südosteuropa abgelöst.

Im Gegensatz zum restlichen Europa blieb der Glauben an lebende Leichname in den ländlichen Gegenden von Süd- und Osteuropa, neben der orthodoxen Kirche, weitgehend bestehen. Hier hielten die Menschen noch an ihren alten Traditionen fest, und die Bräuche, Riten und Weisheiten wurden von Generation zu Generation weitergegeben und gepflegt. Man nimmt an, dass Vampire und andere Wiedergänger hier schon immer vorhanden waren, und genau wie Werwölfe und Hexen gehörten auch sie zum Aberglauben der Menschen und dienten als Ursache für Tod und Leid. Man verband mit ihnen die Macht des Bösen. Oftmals war die Grenze zwischen ihnen fliessend. Eine Frau, die zu Lebzeiten als Hexe bekannt war, konnte nach ihrem Tod zum Vampir werden. Ebenso konnten sich Vampire in Tiere verwandeln, ähnlich wie Werwölfe. Je nach Quelle, Gegend und Sprache vermischen sich diese Wesen miteinander. Das alte Wort „Vukodlak" [4], das in Serbien, Kroatien und Dalmatien bekannt war, wurde für Vampire genau so wie für Werwölfe benutzt. Andere unterschieden ganz klar zwischen den einzelnen Wesen und schrieben jedem von ihnen eigene Merkmale zu. Man vermutet, dass der Vampir aus verschiedenen Wiedergängern entstanden ist. Dokumente zu Vampirfällen gibt es viele. Es ist anzunehmen, dass dieser Glaube, der Unerklärliches und Mysteriöses, jenes also, dass sich die Menschen damals nicht erklären konnten, schon immer existierte und sich im Laufe der Zeit festigte.

Woher der Begriff Vampir stammt, ist bis heute nicht gelöst. Man nimmt an, dass er aus dem slawisch-orthodoxen Raum stammt, da hier der Glaube an Vampire in seiner reinsten Form auftritt. Das althochdeutsche Wort „Vampyre", das ich auch im Titel verwende, wurde erstmals von österreichischen Grenzbeamten schriftlich erwähnt. Heute steht das Wort Vampir stellvertretend für die Familie der Wiederkehrer.

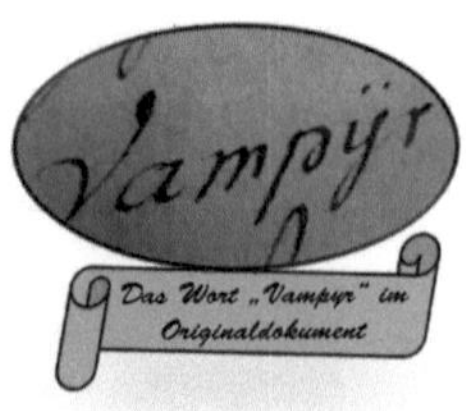
Das Wort „Vampyr" im Originaldokument

1.2 Was ist ein Vampir?
Sein Erscheinungsbild, Merkmale und Verwandten...

Wie oben erwähnt, besteht der Glaube an wiederkehrende Tote schon seit langem. Unter dem Begriff „Wiedergänger" finden sich zahlreiche, lebende Tote wieder, wie zum Beispiel der schmatzende Tote, der Nachzehrer oder eben der Vampir.

Ein **Vampir** ist ein aktiver, lebender Leichnam, der aus seinem Grab heraussteigt und den Menschen direkt schadet, indem er ihnen die Lebenskraft entzieht, Krankheiten verbreitet und sich wahlweise auch in Tiere verwandeln kann.

Meistens sind Verwandte oder Freunde seine Opfer, wahlweise auch Feinde. Er schadet ihnen direkt, das heisst, er nähert sich ihnen persönlich und drückt oder würgt seine Opfer, vorzugsweise nachts. Auch Vergewaltigungen wurden schon dokumentiert.

Durch das Würgen oder Drücken entzieht er seinen Opfern die Lebenskraft. Das Blut, das immer schon die Lebensenergie symbolisiert hat, spielt dabei eine nicht unwichtige Rolle. Es wurde jedoch niemals dokumentiert oder berichtet, dass bei einem Opfer Wunden oder Verletzungen festgestellt worden sind, die bewiesen hätten, dass der Vampir dem Opfer Blut sog. Das klassische Blutsaugen wurde durch die moderne Literatur erfunden. Die Folgen eines Vampirangriffes waren hohes Fieber, Verdauungsbeschwerden, Übelkeit, Krämpfe, Blässe, Schwäche, Benommenheit und nach kurzer Zeit trat der Tod ein. Wenn ein Vampir sein Unwesen trieb, wurde dies immer mit Krankheiten und Tod begleitet.

Der **Nachzehrer** saugt seinen Opfern ebenfalls die Lebenskraft aus, jedoch macht er dies telepathisch aus seinem Grab heraus. Manchmal ruft er den Namen seiner Opfer oder wendet den bösen Blick an. Er ist oft eine Begleiterscheinung von Seuchen. Ihm wird vorgeworfen, den „schwarzen Tod" (die Pest) herbeigeführt zu haben. Er bevorzugt Verwandte und Freunde als Opfer.

Der **schmatzende Tote**, so niedlich der Name auch klingen mag, ist wiederum mit dem Nachzehrer verwandt. Beide gelten als passive, lebende Tote, da sie von ihrem Grab aus ihren Opfern schaden. Der schmatzende Tote knabbert an seinem Leichentuch bis er dieses verspeist hat, wodurch die schmatzenden Geräusche entstehen. Wenn er sein Leichentuch gegessen hat, macht er sich an seine Gliedmassen und verspeist sein totes Fleisch. Durch dieses „knabbern" entzieht er seinen Opfern die Lebensenergie und bringt sie somit ins Grab. Seine Opfer sind in erster Linie all jene, die das Leichentuch berührt oder eine Träne darauf vergossen haben. Auch Leute, welche ihm einen Gegenstand mit ins Grab legten, suchte er heim, ebenso wie Verwandte.

Der Nachzehrer und der schmatzende Tote kennt man mehr in Mitteleuropa. Der Vampir hingegen kommt eher in Südosteuropa und in Teilen Russlands vor. Eine Unterteilung in aktive und passive Tote ist hier also möglich. Während aktive Tote ausschliesslich in Südosteuropa ihr Unwesen treiben, sind die passiven Toten eher im restlichen Europa angesiedelt. Doch auch hier ist die Grenze fliessend. Es gibt Berichte von Vampiren, die in ihrem Grab liegen blieben und Nachzehrer, die ihr Grab verliessen.

Natürlich sind das nicht die Einzigen lebenden Leichname. Es gibt noch andere Arten von Wiederkehrern, wie zum Beispiel den „Rufer", den „Warner", den „Neuntöter" oder den „Aufhocker". Auf diese möchte ich hier aber nicht speziell eingehen.
Übrigens saugten Wiedergänger nicht nur den Menschen die Kraft aus, sondern wahlweise auch Tieren.

1.3 Das Leben der damaligen Menschen auf dem Land.
Ihr Alltag, ihre Sorgen, ihre Ängste...

Die meisten Menschen im Südosten Europas des 18. Jahrhunderts lebten auf dem Land in kleinen Dörfern, bestritten ihren Lebensunterhalt auf den Feldern oder hüteten Vieh, glaubten streng an alte Traditionen und kannten kaum mehr als das nächste Dorf und die nähere Umgebung. Ihr Ziel war es zu überleben, eine Familie zu haben und ihren Besitz, wenn möglich, zu vermehren. Durch diese Isolation innerhalb der Dorfgesellschaft hielten sich die alten Bräuche und die Geschichten um Aberglauben über Generationen hinweg und auch Neuigkeiten dürften sich schnell verbreitet haben.

Ausser ihren Traditionen verfügten sie über keinerlei Bildung und alles, was sie nicht kannten, machte ihnen Angst. Fremde versuchten sie zu meiden, waren ihnen gegenüber misstrauisch. Auch Naturkatastrophen, Seuchen und Kriege brachten Angst und Schrecken mit sich. Somit ist klar, dass die Menschen damals oft mit Ängsten zu kämpfen hatten. Doch auch die harten Wintermonate und knappen Essensvorräte sorgten oftmals für prekäre Zustände.

Es gab auch irrationale Ängste, wie zum Beispiel die Furcht vor lebenden Toten. Verstorbene, die wiederkehren könnten und ihnen alles nehmen, was ihnen lieb und teuer war: Kinder, Freunde, Vieh. Diese Angst vor dem Übernatürlichen und Bösen war ebenfalls ein Faktor, vor dem sie sich fürchteten. Etwas, das einem alles nehmen kann. Das einem nach dem Leben trachtet und einen qualvollen Tod mit sich bringt. Was hier vielleicht unsinnig klingt, war für diese Menschen real. Vor allem wenn man selbst als ungebildeter Dorfbewohner schon einmal einen unverwesten Leichnam gesehen hatte, aus dessen Mund frisches, rotes Blut quoll? Der einem vielleicht bereits Kinder genommen hat? Man beobachtete, wie die hohen Herren und Gelehrten selbst vor einem Rätsel standen? Für diese Menschen waren Vampire real. Sie hatten die Illusion, es mit etwas Übernatürlichem und Bösem aufnehmen zu müssen und dies zu vernichten.

Heutige Forschungen zeigen, dass wir uns gar nicht so sehr von den damaligen Menschen unterscheiden. Auch wir haben Ängste. Sei es um unsere Existenz, unseren Job oder wie die Dorfbewohner vor unheilbaren Krankheiten. Und wer hatte nicht schon einmal Angst in den Keller zu gehen oder bei Nacht durch den dunklen Wald zu laufen? Dunkle, unheimliche Orte üben noch heute ein unangenehmes Ziehen in uns aus. Eine Angst, wie sie die Menschen damals hatten. Klingt jetzt esoterisch aber obwohl wir durch und durch rational funktionierende Lebewesen sind, scheint es da doch etwas zu geben, etwas Irrationales, vor dem wir uns fürchten. So muss man sich den Alltag der damaligen Dorfbewohner vorstellen.

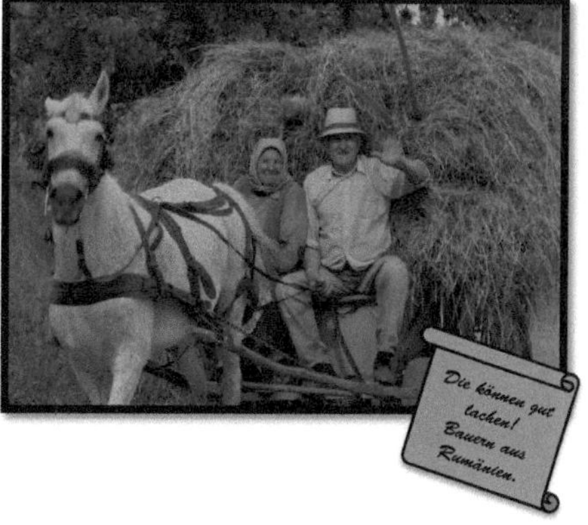

1.4 Wie wurde man zum Vampir?
Niemand war sicher vor dem Fluch...

Gemäss den zahlreichen Berichten gibt es viele Arten, zum Vampir zu werden. Je nach Ort und Gegend variieren diese Vorstellungen. Eigentlich konnte jeder zum Vampir werden. Das Alter oder Geschlecht spielte keine Rolle. Besonders Menschen, die zu Lebzeiten auffällig gewesen sind, waren prädestiniert zum Vampir zu werden. Zum Beispiel: Diebe, Ehebrecher, Gauner, Verbrecher, Mörder, Selbstmörder, sehr geizige Menschen, Einzelgänger oder solche, die spezielle Berufe zu Lebzeiten ausübten wie Metzger oder Schuster. Auch totgeborene Babys wurden je nach Quelle zum Vampir. Ebenso Menschen ohne Taufe. Leute, die mit Haaren auf dem Kopf zur Welt kamen oder zwei Zahnreihen besassen ebenso. Auch bereits Verstorbene, bei denen die Bestattungs- oder Totenriten nicht vollständig eingehalten wurden, konnten zum Vampir werden. Etwa dann, wenn bei der Totenbahre ein Tier unter oder über den Toten springt.

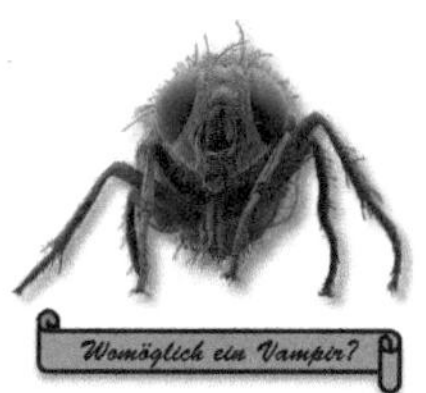

Besonders gefährlich sind Hunde und Katzen, aber auch Hühner oder Fliegen (!).

Es gab auch Menschen, die vor ihrem Ableben erzählten, sie seien von einem Vampir angefallen worden oder hätten von einem Tier gegessen, welches von einem Vampir getötet worden sei. Natürlich gibt es noch zahlreiche weitere Anzeichen, die zu einem Vampirdasein führen können, doch diese werden nur in einzelnen Quellen angegeben und sind somit Einzelfälle, auf die ich hier nicht eingehen möchte.

1.5 Was machten Vampire?
Hauptwirkungen und Begleiterscheinungen von Vampiren...

Wie oben bereits erwähnt, sind Krankheiten die üblichen Mitbringsel von Vampiren. Doch es gibt noch mehr was sie tun können. Um ihnen aufzuzeigen, wie dies für die damaligen Menschen aussah, machen wir einen kleinen Ausflug in die Vergangenheit...

Vor noch nicht allzu langer Zeit, in der Mitte des 18. Jahrhunderts, ereigneten sich in den ländlichen Gegenden merkwürdige Todesfälle. Krankheiten, die bis dato nicht erklärbar waren, tauchten plötzlich auf und rissen Tiere und Menschen in den Tod. Halbe Dörfer und ganze Herden wurden damals dahingerafft. Die Kranken lagen in ihren Betten, bleich und schwach. Des Nachts hatten sie das Gefühl zu ersticken, und am nächsten Tag waren sie tot. Manche verstarben erst nach weiteren qualvollen Nächten voller Schmerzen und Alpträumen. Das Sterben von mehreren Menschen hintereinander ohne ersichtlichen Grund war ein wichtiger Hinweis für ein Vampirvorkommen. Die Leute konnten sich diese Vorfälle nicht erklären. Trauer und Leid aber auch Zorn und Wut lagen über ihnen. Die Kirche hatte Mühe alle Leichen zu begraben. Doch nicht nur Massensterben und Krankheit hielt man für ein Indiz für das Umgehen eines Vampires. Naturkatastrophen wie Hagel, Stürme oder Hitzeperioden, die die Ernten verwüsteten, wurden ihnen ebenfalls zugeschrieben. Sie konnten auch randalieren, Vieh quälen oder Wanderer und Fremde erschrecken. Dass diese daraufhin starben, ist in verschiedenen Berichten nachzulesen. Nachdem die Dorfbewohner sich sicher waren, dass diese Geschehnisse auf das Konto eines Vampires gehen, machten sich auf die Suche nach ihm.

1.6 Wie fand man einen Vampir?
Die Suche beginnt...

Doch wo sollte man als bildungsschwacher Dorfbewohner anfangen zu suchen? Auch hierfür findet man in den verschiedensten Quellen Antworten. Am häufigsten wurden die zuletzt Verstorbenen verdächtigt. Nicht die Opfer sondern die Toten, die vor einigen Monaten begraben wurden. Doch nicht nur die standen im dringenden Tatverdacht. Auch besonders auffällige Menschen, die tot waren, wurden verdächtigt. Wie wir schon gesehen haben, kann ja so ziemlich jeder zum Vampir werden, weswegen es oft schwierig war, einen Vampir zu entlarven. Häufig wurden gleich mehrere Gräber geöffnet, um die Leichen darin zu untersuchen. Dabei war immer ein Priester, oder nach Möglichkeit ein österreichischer Leibarzt mitanwesend.

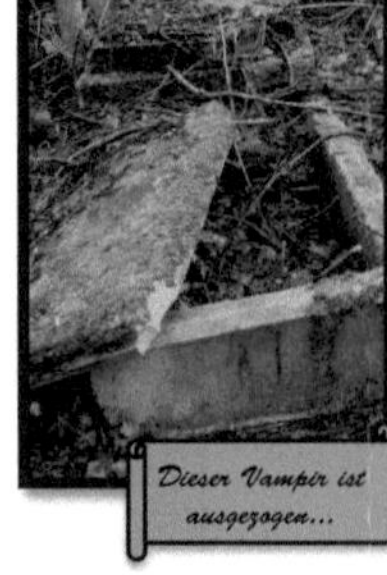

Dieser Vampir ist ausgezogen...

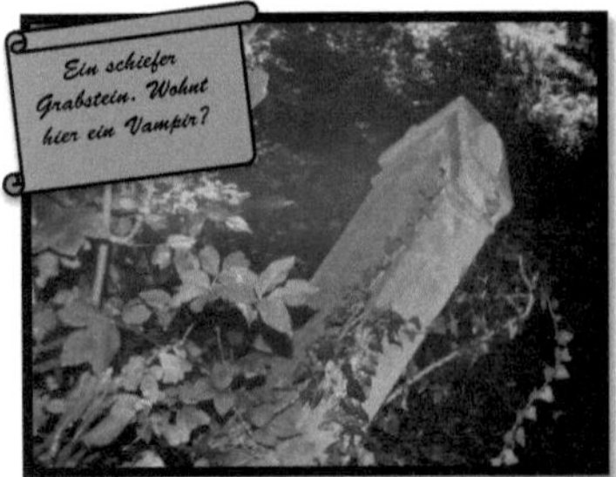

Ein schiefer Grabstein. Wohnt hier ein Vampir?

Auch die Grabstätten selbst konnten Hinweise auf einen Vampir geben. Hatte es zum Beispiel ein Loch in der Nähe des Grabes aus dem der mögliche Vampir hätte steigen können oder sah man in der Nacht ein Leuchten über dem Grab, so war dies des Rätsels Lösung. Auch schiefe Grabsteine wiesen auf einen Vampir hin, genauso eingesunkene oder offene Gräber. Schliesslich blieb das Antlitz des Grabes nicht tadellos, wenn dauernd ein Vampir ein- und ausging. Eine sehr beliebte Methode stellte das Ausstreuen von Asche dar. Damit wollte man die Fussabdrücke des Vampires sichtbar machen.

Manchmal nahm man auch ein Pferd zur Hilfe auf dem eine Jungfrau sitzen und über die Gräber reiten musste. Das Blut von Jungfrauen war bei Vampiren besonders beliebt, ausserdem galt es als „rein". Wenn das Pferd sich weigerte über ein Grab zu reiten, war dies ein Zeichen für die Anwesenheit eines Vampires. Das Pferd sollte ein Schimmel oder ein Rappe sein. War ein solches Pferd nicht vorhanden, nahm man eine Ziege oder ein Gänserich und führte diese über die Gräber.

Wenn man das zu Hause des Vampires ausfindig gemacht hatte, öffnete man sein Grab.

1.7 Wie erkannte man einen Vampir?
Der Fluch des Bösen...

Sie fragen sich jetzt bestimmt was die Dorfbewohner sahen, wenn sie ein Vampirgrab öffneten. Achtung! Falls Sie einen etwas empfindlichen Magen haben oder sensibel veranlagt sind, rate ich Ihnen, die nächsten Kapitel auszulassen, denn jetzt wird es blutig-makaber!

Gemäss Dokumentationen waren die Leichen unverwest, die Gliedmassen beweglich, der Körper aufgedunsen, der Teint rosig, die Haare und Nägel länger als zum Zeitpunkt des Todes, aus Mund und Nase floss frisches, rotes Blut und teilweise waren die Eckzähne deutlich länger. Auch Erektionen waren bei Männern oft zu sehen. Dies, obwohl manche gemäss Angaben schon über 50 Jahre tot waren. Für die Menschen damals war dies Beweis genug, um die Leiche vor sich zu verurteilen. Für sie verkörperten Vampire „das Böse". Die Unverwestheit eines Leichnames galt damals entweder als göttliches Zeichen oder als Fluch. Bei Vampiren handelte es sich demnach eher um Letzteres.

1.8 Was machte man mit einem Vampir?
Bannrituale und Hinrichtungen...

Das Grab ist offen, der Sargdeckel liegt daneben auf dem Boden, der fast noch frische Leichnam liegt blutverschmiert in seinem Sarg. Unschuldig, schlafend, friedlich. Doch wie so oft war die Stille trügerisch. Man musste sich vor Augen halten, was für Katastrophen bereits geschehen waren und was noch passieren könnte, würde man den vermeintlichen Vampir verschonen.

Verdächtige Leichname wurden zuerst gepfählt, dass heisst, man stiess ihnen einen angespitzten Holzpflock durch das Herz. Manchmal auch durch Mund oder Bauch. Doch Vorsicht! Dies musste mit einem Schlag erfolgen, da er sonst am Leben blieb. Natürlich durfte nicht jedes Holz verwendet werden. Hauptsächlich wurde Weissdorn oder Espe, aber auch Eiche, Esche, Ahorn, Walnuss oder Linde verwendet. Vor allfälligen Blutspritzern schützte man sich mit einer Tierhaut. Falls man doch einmal etwas abbekam, musste derjenige einen Becher voll mit Blut der Leiche trinken um sich vor dem Fluch zu schützen. Ausserdem war zu beachten, dass kein Tier aus dem Grab entweicht oder darüber springt, da man glaubte, der Vampir verwandle sich in ein Tier und könnte somit entkommen. Ein Zeichen, dass der Vampir unschädlich gemacht wurde, war das „Seufzen". Stiess der Leichnam während des Pfählens ein Laut aus, so entwich alles Leben aus ihm und der Fluch war gebannt.

Bei den meisten Vampirhinrichtungen wurde der Leichnam, nach erfolgtem Pfählen, enthauptet. Dies geschah entweder gleich mit dem Spaten, mit dem man ihn ausgegraben hatte oder mit einem scharfen Gegenstand, wie etwa einem Schwert. Zuweilen begrub man ihn wieder. In solchen Fällen legte man den abgeschlagenen Kopf auf oder zwischen die Beine und zwar so, dass er ihn sich nicht wieder aufsetzen konnte (im Fall der Fälle). In der Regel verbrannte man aber Rumpf und Kopf auf einem Scheiterhaufen. Oft war es schwierig die Überreste zum Brennen zu bringen, da der Feuchtigkeitsgehalt wegen des Blutes sehr hoch war und Wasser bekanntlich nicht brennt. Für die Menschen war das ein Zeichen, dass es sich wirklich um einen Vampir handelte, einen Untoten, der sich weigert, aus dieser Welt zu schwinden. Liess der Tote sich nicht verbrennen, schnitt man ihm das Herz heraus, kochte dieses in Essig oder Öl bis es sich auflöste.

12

Auch bei diesen Hinrichtungspraktiken sind die Grenzen wieder fliessend und oft wurde von Fall zu Fall anders entschieden. Die Einen wurden nur gepfählt, dies meistens, wenn der Schaden, den er angerichtet hat, nicht allzu gross war, oder ihm wurde gleich der Kopf abgeschlagen. Auch ob die Asche wieder ins Grab gelegt oder doch im nächsten Fluss entsorgt wurde,

wird verschieden dokumentiert. Aus manchen Quellen erfährt man, dass Kranke vom Blut des Vampires trinken mussten. Andere lösten die Asche in Wasser auf und man musste wiederum diese Brühe trinken... Denn Texten zu Folge war die Wirkung beider Methoden fraglich.

1.9 Wie konnte man sich von einem Vampir schützen?
Schutzrituale und Vorsichtsmassnahmen...

Was man machen kann, wenn man bereits von einem Vampir angegriffen wurde, wissen wir jetzt. Doch was kann man tun, damit man die Verwandlung zu einem lebenden Leichnam verhindern kann? Sogenannte Vorsichtsmassnahmen gibt es viele. Einige davon schauen wir uns jetzt an. Fangen wir mal mit den harmlosen Ratschlägen an, bevor es mal wieder unappetitlich zu und her geht.

Mancherorts legte man dem Verstorbenen ein Stück Weihrauch unter die Zunge oder ein Stück Erde unter das Kinn. Andere legten ihm Münzen auf die geschlossenen Lider oder besprengten ihn mit Weihwasser. Zum Zeitpunkt des Todes sollte unbedingt das Fenster geöffnet werden, und wenn man den Toten aus dem Haus trug, war darauf zu achten, dass dies mit den Füssen voran geschah, da er andernfalls noch einen Blick zurück werfen konnte. Auch das Überqueren eines Gewässers oder das Passieren einer Wegkreuzung sollte das Zurückkehren verhindern. Während der ganzen Prozesse sollte nicht schlecht über den Verstorbenen geredet und niemals dreimal sein Name gerufen werden, da er sonst zurückkam. Zu beachten galt auch, dass der Tote nichts in den Händen hielt, also weder sein Totenhemd noch ein Band oder sonstiges Stück Stoff. Allfällige Bezahlungen von Leichenwäschern oder Sargmachern sollten ohne Zwischenfälle erfolgen und kein Geldstück durfte auf den Boden fallen. In manchen Quellen wird berichtet, dass man dem Toten das Blut ausliess oder jeweils die grossen Zehen abriss um zu verhindern, dass er aufstehen konnte. Bei „Auffälligkeiten" (rotes Gesicht, halb bis offene Augen, blaue Finger, keine Totenstarre) wurde dem Toten, je nach Gegend, gleich der Kopf abgeschlagen. Auch das begraben der Toten mit dem Gesicht nach unten war beliebt, ebenso die extra tiefe Aushebung des Grabes.

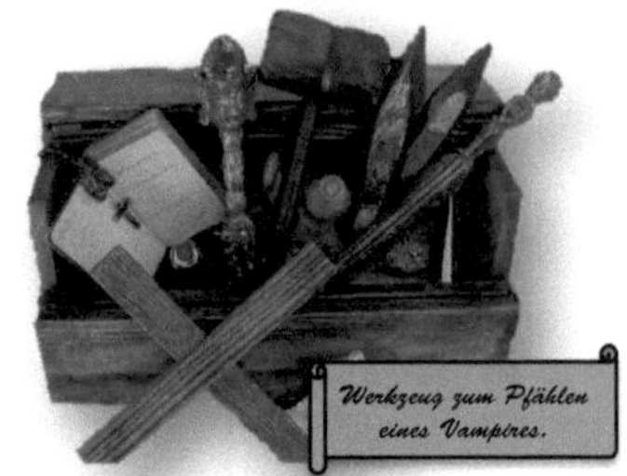
Werkzeug zum Pfählen eines Vampires.

1.10 Was passierte wirklich mit den Toten jeder Zeit?
Ein Erklärungsversuch für die damaligen Vorfälle...

Seit Jahrhunderten versucht man anhand von Dokumenten herauszufinden, was wirklich geschah. Eine Erklärung für die Vorfälle wäre Milzbrand. Er wird durch infizierte Tiere, vor allem Schafe, verbreitet und ist auch für Menschen tödlich, wenn diese das Fleisch essen. Dies dürfte wohl der Fall gewesen sein, denn gerade im Winter, wenn der Vorrat knapp wurde, war die Verlockung nach etwas Essbarem sehr gross. Milzbrand würde die Symptome der Opfer teilweise erklären, wie zum Beispiel die länger erscheinenden Eckzähne. Jedoch gibt es nicht nur in Osteuropa Vampirvorfälle. In Deutschland beispielsweise gibt es keine Berichte über Milzerkrankungen zu jener Zeit, doch sehr wohl Dokumente über Vampirvorfälle und Wiedergänger. Auch Tollwut steht zur Debatte. Leider zeigen infizierte Patienten hier lediglich Anzeichen, welche die Vampire erst durch die Literatur erhielten, wie Angst vor Spiegeln oder die Abneigung gegenüber Knoblauch.
In verschiedenen Studien kommt der Begriff „Morbus Günther" oder „Schattenmenschen" vor. Morbus Günther ist eine Stoffwechselkrankheit, bei der der Patient extreme Lichtunverträglichkeit zeigt, rote Zähne erhält

(„Blutszähne") und eine Abneigung gegenüber Knoblauch entwickelt. Schattenmenschen sind Leute, meist Kinder, die durch Licht direkten Schaden nehmen und sich deshalb nur im Dunkeln aufhalten können. Diese beiden scheiden jedoch aus, da die Unverträglichkeit von Knoblauch und die Lichtempfindlichkeit eine Erfindung der modernen Literatur ist. Es gibt Dörfer, wo Vampire während des Tages umherstreiften und Schaden anrichteten, womit das Sonnenlicht Vampire nicht aufhält. Ebenfalls dagegen spricht die Theorie, dass Schattenmenschen meist im Kindesalter sterben, da die Schäden der Sonne zu gross sind. Berichte über Vampire gibt es aber vom Säugling bis hin zum Greis. Auch damalige Seuchen, wie die Pest, wurden mehrmals eindringlich untersucht. Dabei ist anzumerken, dass es auch hier bereits vorher Berichte über Vampirvorfälle gab. Man vermutet, dass die Hinterbliebenen der Opfer eine „logische" Ursache suchten und diese im Vampirglauben fanden. Wie oben erwähnt, wurde in Europa oftmals der Nachzehrer als Verursacher der Pest beschuldigt. Tuberkulose und dafür verantwortliche Mikroorganismen, wurden ebenfalls untersucht – ohne Erfolg.
Doch obwohl es viele Theorien gibt, ist die „wirkliche Ursache" bis heute nicht geklärt. Immer wieder rollt man die alten Fälle auf und diverse Krankheiten werden von vorne durchgekaut.

Viele von Ihnen werden jetzt sagen, dass es purer Aberglaube ist und es ganz natürliche Ursachen gibt. Zum Beispiel für die Fussabdrücke in der Asche um das Grab. Klar, dass jemand in der Nacht das Grab nochmals aufsuchte, vielleicht ein Verwandter, der nicht bis zum Morgengrauen warten konnte. Vielleicht, vielleicht aber auch nicht...
Einige werden eventuell den Scheintod als Ursache nennen. Gerade in den Zeiten der Pest könnte es häufig zu solchen Ereignissen gekommen sein. Daher die Kratzspuren im Sarg, das Essen des Leichentuches, die Erneuerung der Nägel oder das weiterwachsen der Haare. Doch nach Recherchen meinerseits kann man die Theorie vom Scheintoten, der plötzlich wiedererwacht und lebendig begraben ist, ausschliessen. Die Luft unter der Erde ist zu dünn und in einem Sarg nicht ausreichend vorhanden, als dass jemand länger als vierundzwanzig Stunden weitergelebt hätte. Geschweige denn so lange, dass Haare und Nägel mehrere Zentimeter wachsen konnten. Letztere wachsen im Durchschnitt ca. einen Millimeter pro Woche. Zudem kann man gemäss der Anzahl der Wiedergänger-Fälle wohl ausschliessen, dass so viele scheintot waren, da man die Verstorbenen meistens erst noch ein paar Tage aufbahrte, ehe man sie begrub (ausser es waren Menschen mit Pest). Das Weiterwachsen der Haare und Nägel, ebenso das „Seufzen" der Toten, wenn man sie pfählte und der rosige Teint, sind mit ziemlicher Sicherheit erklärbar. Man gibt den Verwesungsgasen und den Mikroorganismen die Schuld, die den toten Körper zersetzen. Es kann sich Verwesungsflüssigkeit bilden, welche aussieht wie Blut, durch Körperöffnungen austritt und dem Toten eine rosige Gesichtsfarbe verleiht. Durch die Gase kann der Körper aufgebläht wirken.
Viele glauben, dass durch die Beschaffenheit und Zusammensetzung der Erde Menschen teilweise nur sehr langsam verwesen oder gar nicht. Auch kalte Wetterverhältnisse tragen dazu bei. Dennoch bleiben viele Fragen offen...

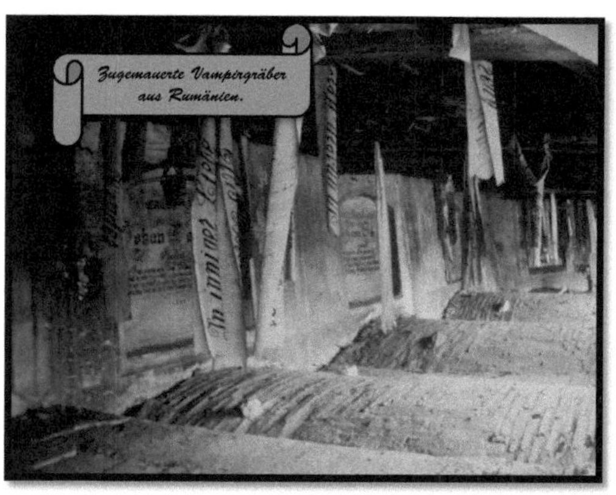

Manche Theorien kann man nur als Schwachsinn abtun, andere klingen sehr realistisch. Doch eine wirklich plausible Erklärung gibt es bis heute nicht. Gerade deswegen finde ich dieses Thema so interessant. Vielleicht ist es nur eine Illusion, die sich die Menschen damals gemacht haben, um eine passende Erklärung für die ganzen Geschehnisse zu haben und ihrer Angst eine Gestalt, einen Schuldigen zu geben. Andererseits gibt es so viele Zeugenaussagen und belegte Dokumente aus jener Zeit, dass es beinahe erschreckend ist. Warum hörte es trotz Einführung der Feuerbestattung nicht auf? Und warum hat der Vampirglaube bis heute überlebt? Viele Menschen in Osteuropa glauben noch heute an Vampire.

14

Für sie sind sie immer noch eine Gefahr. Wenn man bei einem Todesfall nicht alle Rituale einhält oder Merkmale eines Vampires bemerkt, kommt es noch heute vor, dass Leichname gepfählt werden oder man sie mit spezifischen Ritualen versucht im Grab zu halten.
Nana Aurelia, eine alte Leichenwäscherin aus Rumänien, erzählt in einem Interview mit Peter Mario Kreuter, was sie unternahm, wenn eine Leiche vampirähnliche Merkmale aufwies.
Man hört den Übersetzter sagen:

„Sie hat oft genug erlebt, dass die Toten zu Vampiren wurden. Wenn ihr eine Leiche verdächtig vorkam, hat sie vorsorglich auch schon Pfählungen am Sterbebett durchgeführt. [...] Die Leiche ist plötzlich blass wie der Tod geworden, denn vorher sei sie ganz rosig gewesen, so, als hätte sie noch gelebt." [5]

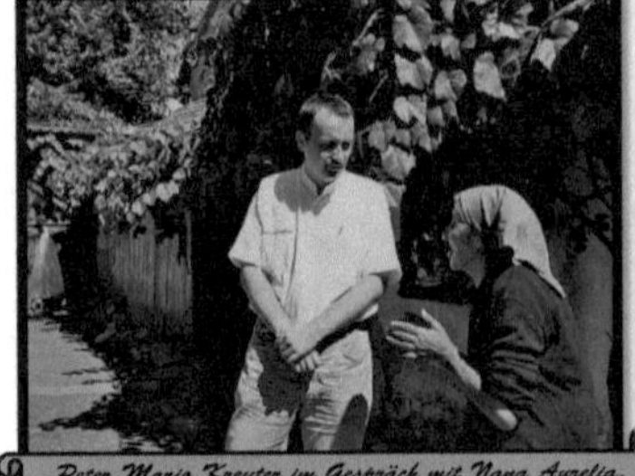
Peter Mario Kreuter im Gespräch mit Nana Aurelia.

Die Reportage „Der gefallene Vampir" von ORF aus dem Jahr 2004 zeigt eindrücklich, wie stark noch heute die Angst vor Vampiren ist. Man warf einem Toten nach achtzig Jahren unter der Erde vor, ein Vampir zu sein, grub ihn aus, pfählte ihn, schlug ihm den Kopf ab und verbrannte ihn schliesslich, um die verängstigten Bewohner zu beruhigen. Und das alles vor laufender Kamera! Seither scheint nach neuen Recherchen wieder Ruhe eingekehrt zu sein. Im heutigen Zeitalter fast unglaublich! Für diese Menschen sind Vampire keine Illusion, sondern ein Fluch, der immer noch seine Opfer fordert. Für uns ist es entweder Faszination, Schwachsinn oder ebenfalls eine Täuschung. Doch was wirklich dahinter steckt, werden wir wohl nie erfahren...

Loca in ferna in nocte,
Animae in nebula.
Media nox, obscura nox.
Crudelitas animarum.
Campana sonat duo decies.

Loca in ferna in nocte,
Lamiae in nebula.
Media nox, obscura nox.
Crudelitas lamiarum.
Sine sanguine corpora non operantur. [6]

Animae immortales,
Lamiae immortales...

...Per omnia saecula saeculorum.

NACHWORT & DANKSAGUNG

Diese Arbeit zu schreiben, zu recherchieren und zu gestalten, hat mir sehr viel Spass gemacht!

Ich arbeitete hauptsächlich am Abend und in der Nacht. Da ich ein „Nachtmensch" bin, war dies für mich kein Problem. Ich kann mich in der Nacht einfach besser konzentrieren...
Wenn es draussen dunkel und still war, die Luft kühl und frisch, die Bücher aufgeschlagen und meine Notizen griffbereit, dann gab es nur noch mich und diese Arbeit. Teilweise war es etwas unheimlich, all diese Berichte und Dokumente in der Nacht durchzulesen und zu bearbeiten, doch es hat sehr viel Spass gemacht. Und irgendwie war die Nacht die passende Uhrzeit, um sich dem Thema Vampir anzunehmen...
Ich habe in dieser Zeit viel gelernt, nicht nur Latein und Althochdeutsch, bzw. österreichisches Althochdeutsch, sondern auch eine Menge über Vampire an sich, über den damaligen Alltag der Menschen, den immer noch herrschenden Aberglauben und auch einiges über Kannibalismus und Nekrophilie in der Geschichte der Menschheit...

Man fragt sich jetzt sicher, wann ich dann geschlafen habe... Keine Sorge!
Spätestens um halb Vier ging ich schlafen.

An dieser Stelle möchte ich mich ganz herzlich bei folgenden Leuten bedanken:

Hagen Schaub für das Beantworten meiner Fragen und die grossartige Unterstützung!
Herbert Birchler für die Genehmigung meines Individualthemas.
Meryem Sommerhalder für die guten Ideen und die Inspiration.
Bettina Pfister für die Geduld und Unterstützung bei der Ideensuche.

Herzlichen Dank!

Ich hoffe, diese Arbeit hat jedem, der sie las, Spass gemacht!

„Es liegt an jedem selbst, sich seine Illusionen zu erschaffen, sie zu leben, zu lieben, aber auch sie zu kennen und die Verantwortung, den Schmerz zu ertragen, falls sie sich eines Tages in Luft auflösen..."
Manuela Pfister

LITERATUR- UND QUELLENVERZEICHNIS

Vorwort, Seite 4:

Cäsar, Julius. Zitat.
http://www.bk-luebeck.eu/zitate-caesar.html (9. August 2011)

1. Vampyre- Ausgeburten der Phantasie, Seite 6-20:

Horaz. Rum von Horaz. Zitat.
http://www.gutzitiert.de/zitat_autor_horaz_1566.html?page=3

Vampirlady. Der Vampir.
http://vampirlady.jimdo.com/vampir-gedichte-2/ (6. August 2011)

Schaub, Hagen:
Blutspuren. Die Geschichte der Vampire. Auf den Spuren eines Mythos. Graz. Leykam Buchverlag. 2008.*

Schaub, Hagen:
Vampire. Dem Mythos auf der Spur. Wiesbaden. Marixverlag GmbH. 2011.*
*Verwendung der Texte wurde genehmigt durch Herrn Schaub persönlich.

Borrmann, Norbert:
Vampirismus. Der Biss zur Unsterblichkeit. München. Diederichs Verlag. 2011.

Heitz, Markus:
Vampire! Vampire! Alles über Blutsauger. München. Piper Verlag GmbH. 2008.

Van Swieten, Gerard:
Vampyrismus. Bremen. Europäischer Hochschulverlag GmbH& Co KG. 2010. (Originaldokumente verfasst im Jahr 1768).

Lecouteux, Claude (übersetzt von Ehrhardt, Harald):
Die Geschichte der Vampire. Metamorphose eines Mythos. Düsseldorf. Patmos Verlag GmbH& Co. KG/ Albatros Verlag. 2008

Blazon, Nina:
Totenbraut. Berlin. List Verlag/ Ullstein Buchverlage GmbH. 2011.

Axelrod, Gerald:
Transsylvanien. Im Reich von Dracula. Würzburg. Stürtz Verlagshaus Würzburg. 2009.

Kreuter, Peter Mario:
Auf Dracula's Spuren. Planet Wissen (Video).
http://www.planet-wissen.de/kultur_medien/fabelwesen/vampire/video_draculas_spuren.jsp (6. August 2011)

Wikipedia. Vampir.
http://de.wikipedia.org/wiki/Vampir (6. August 2011)

Wikipedia. Untoter.
http://de.wikipedia.org/wiki/Untoter (6. August 2011)

Songtext. E-Nomine:
Refrain von „Mitternacht" (erweitert und bearbeitet von mir). Erschienen 2002.
http://www.lyricsbox.com/e-nomine-lyrics-mitternacht-t5sgh6h.html (24. Juli 2011)

Übersetzung:

Loca in ferna in nocte	Hölle in der Nacht
Animae in nebula	Seelen im Nebel
Media nox obscura nox	Mitternacht, dunkle Nacht
Crudelitas animarum	Die Grausamkeit der Seelen
Campana sonat duo decies	Die Glocke erklingt zwölfmal
Loca in ferna in nocte	Hölle in der Nacht
Lamiae in nebula	Vampire im Nebel
Media nox obscura nox	Mitternacht, dunkle Nacht
Crudelitas lamiarum	Die Grausamkeit der Vampire
Sine sanguine corpora non operantur	Ohne Blut funktionieren Leichen nicht
Animae immortales, Lamiae immortales	Unsterbliche Seelen, unsterbliche Vampire
Per omnia saecula saeculorum	Von Ewigkeit zu Ewigkeit

ZITATENREGISTER

1 Cäsar, Julius. Zitat.
http://www.bk-luebeck.eu/zitate-caesar.html (9. August 2011)

2 Horaz. Rum von Horaz. Zitat.
http://www.gutzitiert.de/zitat_autor_horaz_1566.html?page=3

3 Vampirlady. Der Vampir.
http://vampirlady.jimdo.com/vampir-gedichte-2/ (6. August 2011)

4 „Vukodlak": Ein altes Wort, das wörtlich übersetzt „Wolfspelz" bedeutet, wurde sowohl für Werwölfe als auch für Wiedergänger, besonders den Vampir verwendet. Im osteuropäischen Sprachgebrauch war es vor allem in Serbien, Dalmatien und Kroatien bekannt. Man nimmt an, dass sich aus diesem das spätere Wort „Vamfir", bzw. „Vampir" gebildet hat. Es wurde hauptsächlich in schriftlicher Form gebraucht.
Schaub, Hagen: Blutspuren. Die Geschichte der Vampire. Graz. Leykam Verlag. 2008. Seite 24.

5 Interview mit einer Leichenwäscherin. (Video).
http://www.planet-wissen.de/kultur_medien/fabelwesen/vampire/video_draculas_spuren.jsp (6. August 2011)

6 Songtext. E-Nomine: Refrain von „Mitternacht" (erweitert und bearbeitet von mir). Erschienen 2002.
http://www.lyricsbox.com/e-nomine-lyrics-mitternacht-t5sgh6h.html (24. Juli 2011)

BILDQUELLEN

Seite 6:
Grosses Hügelgrab: http://upload.wikimedia.org/wikipedia/commons/d/de/Kettengrabhuegel_Hochdorf.jpg (28. August 2011)
Kleines Hügelgrab: http://www.rhoenwind.de/assets/images/autogen/a_OstheimHügelgrab__3__1.jpg (28. August 2011)

Seite 7:
Menschliche Überreste: http://3.bp.blogspot.com/_WWUza09ylcA/SNTgDHPU4I/AAAAAAAAHvw/1LIDtroßU3s/s400/01537.jpg (28. August 2011)
Archäologische Zeichnung: Schaub, Hagen: Vampire. Dem Mythos auf der Spur. Wiesbaden. Marixverlag GmbH. 2011. Seite 225. Selbst abfotografiert. (28. August 2011)
Mortsafe: http://1.bp.blogspot.com/-74OCtOTgePk/TidyOYem3aI/AAAAAAAAKCU/pign2dtWt50/s600/9613_c9bb.jpeg (28. August 2011)

Seite 8:
Schrift: Axelrod, Gerald: Transsylvanien. Im Reich von Dracula. Würzburg. Stürtz Verlagshaus Würzburg. 2009. Seite 85. Selbst fotografiert (28. August 2011)

Seite 9:
Bauer: http://img.fotocommunity.com/On-the-road/Backpacking/Bauern-in-Rumaenien-a17935389.jpg (28. August 2011)
Fliege: http://www.exterminator.ch/media/fliege_Gross.jpg (28. August 2011)

Seite 10:
Offenes Grab: http://kaotic.ro/kaotic.ro/wp-content/uploads/2010/01/open_gravefff.jpg (28. August 2011)
Schiefer Grabstein: Axelrod, Gerald: Transsylvanien. Im Reich von Dracula. Würzburg. Stürtz Verlagshaus Würzburg. 2009. Seite 85. Selbst fotografiert. (28. August 2011)

Seite 12:
Werkzeug: http://www.allmystery.de/dateien/mt31623,1259182725,schutz05.jpg (28. August 2011)

Seite 13:
Vampirgräber: Axelrod, Gerald: Transsylvanien. Im Reich von Dracula. Würzburg. Stürtz Verlagshaus Würzburg. 2009. Seite 94. Selbst fotografiert. (28. August 2011)

Seite 14:
Leichenwäscherin: http://idw-online.de/de/newsimage?id=8472&size=screen (28. August 2011)
Bilder zur ORF-Doku: Axelrod, Gerald: Transsylvanien. Im Reich von Dracula. Würzburg. Stürtz Verlagshaus Würzburg. 2009. Seite 99. Selbst fotografiert. (28. August 2011)